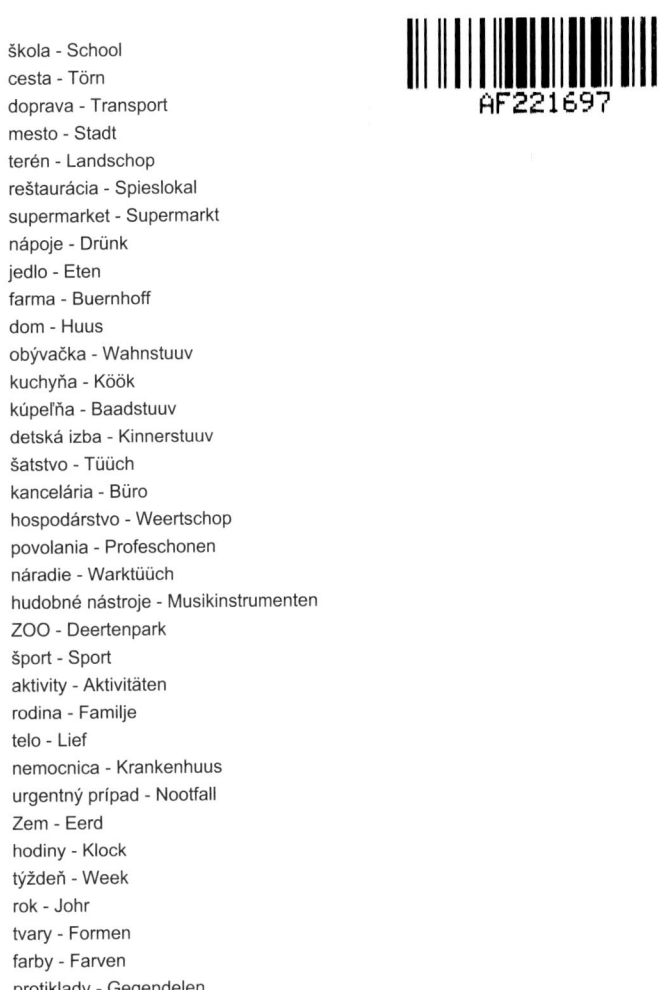

Impressum
Verlag: BABADADA GmbH, Nedderfeld 112 , 22529 Hamburg
Geschäftsführer / Verlagsleitung: Harald Hof
Druck: Books on Demand GmbH, In de Tarpen 42, 22848 Norderstedt

Imprint
Publisher: BABADADA GmbH, Nedderfeld 112 , 22529 Hamburg, Germany
Managing Director / Publishing direction: Harald Hof
Print: Books on Demand GmbH, In de Tarpen 42, 22848 Norderstedt, Germany

škola
School

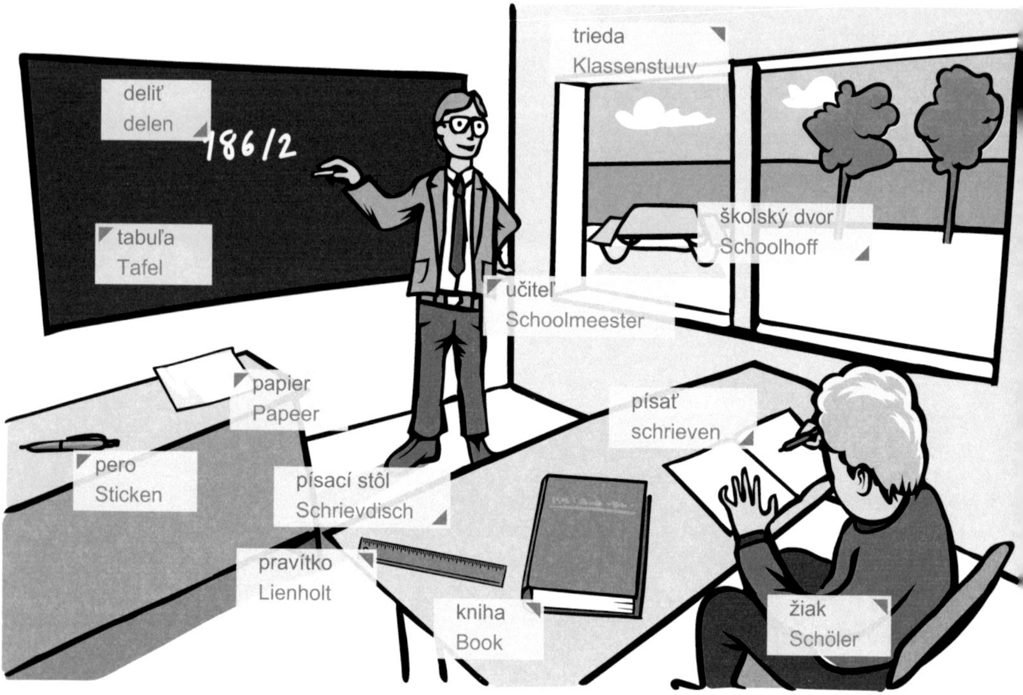

trieda
Klassenstuuv
deliť
delen
186/2
tabuľa
Tafel
školský dvor
Schoolhoff
učiteľ
Schoolmeester
papier
Papeer
písať
schrieven
pero
Sticken
písací stôl
Schrievdisch
pravítko
Lienholt
kniha
Book
žiak
Schöler

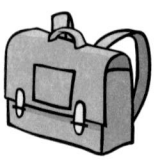

školská taška

Ranzel

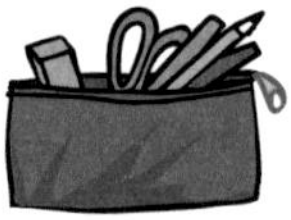

peračník

Feddermapp

ceruza

Bleesticken

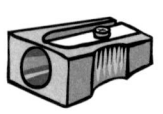

strúhadlo na ceruzky

Scharpmaker

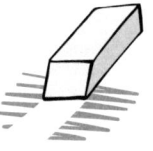

guma

Radeergummi

skicár

Tekenblock

kresba

Teken

štetec

Pinsel

vodové farby

Malkassen

nožnice

Scheer

lepidlo

Klever

cvičný zošit

Heft to'n Öven

domáca úloha

Huusopgaav

číslo

Tall

2+2

sčítať

tohooptellen

5-2

odčítať

aftrecken

násobiť

malnehmen

počítať

reken

písmeno

Bookstaav

abeceda

ABC

slovo

Woort

text

Text

čítať

lesen

krieda

Kried

hodina

Stunn

triedna kniha

Klassenbook

skúška

Pröven

certifikát

Tüügnis

školská uniforma

Schooluniform

vzdelanie

Utbillen

encyklopédia

Nakieksel

univerzita

Universität

mikroskop

Mikroskop

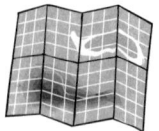

mapa

Koort

kôš na papier

Papeerkorf

hotel
Hotel

Grand

nocľaháreň
Harbarg

ROOMS

zmenáreň
Wesselstuuv

EXCHANGE

kufor
Kuffer

auto
Auto

jazyk

Spraak

áno/nie

jo / ne

v poriadku

Jo

ahoj

Moin

prekladateľ

Översetter

ďakujem

Dank ok

Koľko stojí ... ?

Wat kost…?

Nerozumiem

Ik verstah nich

problém

Problem

Dobrý večer!

Goden Avend

Dobré ráno!

Moin!

Dobrú noc!

Gode Nacht!

Dovidenia

Tschüüs

smer

Richt

batožina

Bagaasch

taška

Tasch

batoh

Rüchsack

hosť

Gast

izba

Stuuv

spacák

Slaapsack

stan

Telt

informácie pre turistov

Touristeninformatschoon

pláž

Strand

kreditná karta

Kreditkoort

raňajky

Fröhstück

obed

Meddageten

večera

Avendeten

cestovný lístok

Fohrkort

výťah

Fohrstohl

poštová známka

Breefmark

hranica

Grenz

clo

Toll

veľvyslanectvo

Bottschop

vízum

Visum

cestovný pas

Pass

doprava
Transport

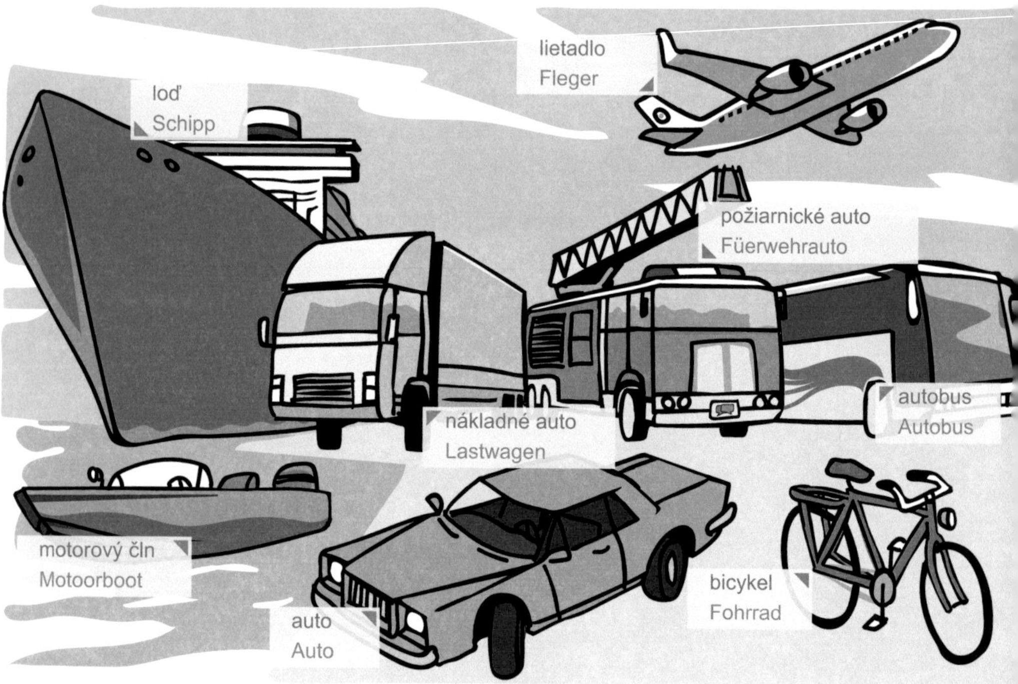

lietadlo
Fleger
loď
Schipp
požiarnické auto
Füerwehrauto
nákladné auto
Lastwagen
autobus
Autobus
motorový čln
Motoorboot
bicykel
Fohrrad
auto
Auto

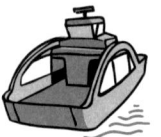

trajekt

Fähr

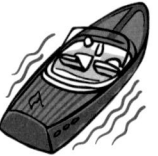

loď

Boot

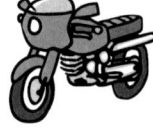

motorka

Motoorrad

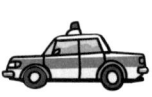

policajné auto

Polizeiauto

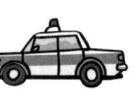

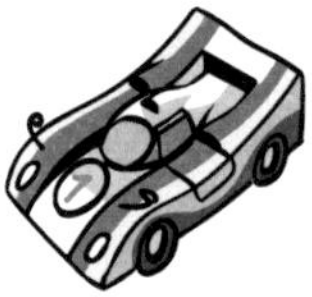

pretekárske auto

Rönnauto

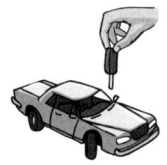

vozidlo z požičovne

Lehnwagen

carsharing

Carsharing

odťahové auto

Afsleepwagen

smetiarske auto

Müllauto

motor

Motoor

benzín

Kraftstoff

čerpacia stanica

Tanksteed

dopravná značka

Verkehrsschild

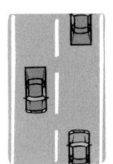

premávka

Verkehr

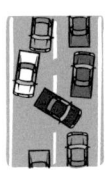

zápcha

Stau

parkovisko

Afstellplatz

vlaková stanica

Bahnhoff

trate

Sporen

vlak

Tog

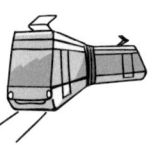

električka

Stratenbahn

vagón

Wagon

helikoptéra

Dwarsmöhl

letisko

Flooghaven

veža

Tower

pasažier

Fohrgast

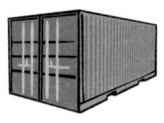

kontajner

Grootkist

kartón

Karton

vozík

Koor

kôš

Korf

štartovať / pristáť

starten / lannen

mesto
Stadt

dedina

Dörp

centrum mesta

Binnenstadt

dom

Huus

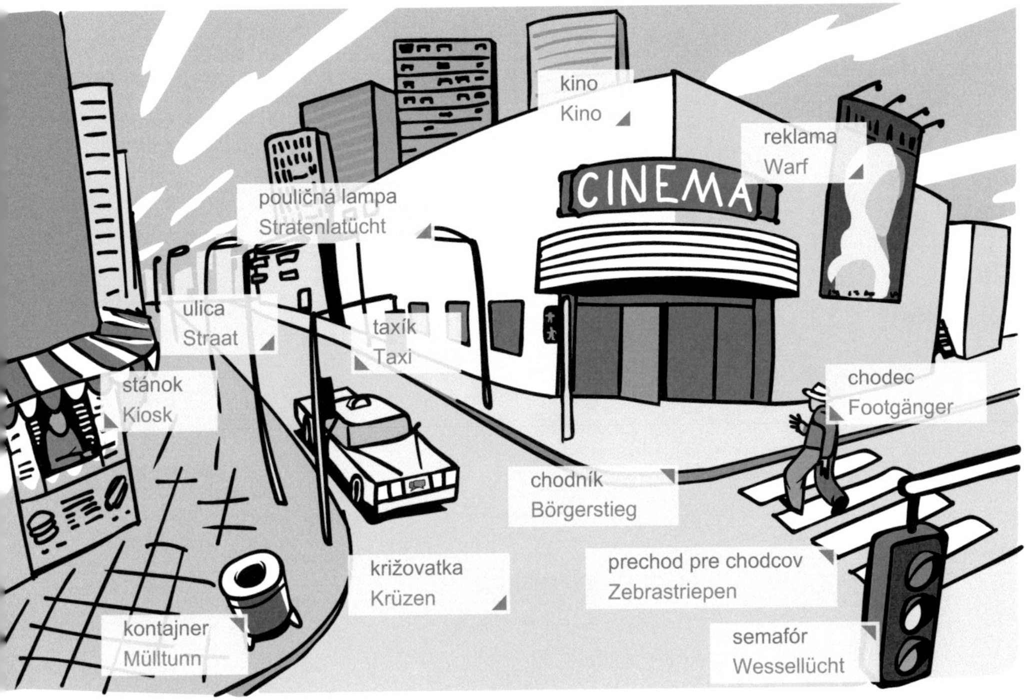

Mesto scene

kino / Kino

reklama / Warf

pouličná lampa / Stratenlatücht

ulica / Straat

taxík / Taxi

stánok / Kiosk

chodec / Footgänger

chodník / Börgerstieg

križovatka / Krüzen

prechod pre chodcov / Zebrastriepen

kontajner / Mülltunn

semafór / Wessellücht

CINEMA

chata

Hütt

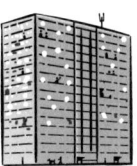

byt

Wahnung

vlaková stanica

Bahnhoff

radnica

Raathuus

múzeum

Museum

škola

School

univerzita

Universität

banka

Bank

nemocnica

Krankenhuus

hotel

Hotel

lekáreň

Afteek

kancelária

Büro

kníhkupectvo

Bookhökerie

obchod

Hökerie

kvetinárstvo

Blomenhökerie

supermarket

Supermarkt

trh

Markt

obchodný dom

Koophuus

obchodník s rybami

Fischhökerie

nákupné stredisko

Inkoopszentrum

prístav

Haven

park

Parkanlaag

lavička

Bank

most

Brüch

schody

Trepp

metro

Ünnergrundbahn

tunel

Tunnel

autobusová zastávka

Busstoppsteed

bar

Bar

reštaurácia

Spieslokal

poštová schránka

Breefkassen

tabuľa s názvom ulice

Stratenschild

parkovacie hodiny

Parkklock

ZOO

Deertenpark

plaváreň

Baadanstalt

mešita

Moschee

farma
Buernhoff

znečisťovanie životného prostredia
Ümweltversmudden

cintorín
Karkhoff

kostol
Kark

ihrisko
Speelplatz

chrám
Tempel

terén
Landschop

list
Blatt

smerová tabuľa
Wiespahl

cesta
Weg

lúka
Wisch

kameň
Steen

turista
Wannerer

strom
Boom

rieka
Fluss

tráva
Gras

kvet
Bloom

dolina

Daal

kopec

Barg

jazero

See

les

Holt

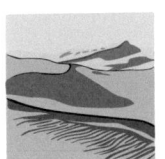

púšť

Wööst

vulkán

Füerspien Barg

zámok

Slott

dúha

Regenbagen

hríb

Poggenstohl

palma

Palm

komár

Steekmück

mucha

Fleeg

mravec

Miegeemk

včela

Imm

pavúk

Spinn

chrobák

Sebber

žaba

Pogg

veverička

Katteker

jež

Swienegel

zajac

Haas

sova

Uul

vták

Vagel

labuť

Swaan

diviak

Wildswien

jeleň

Hirsch

los

Elk

hrádza

Staudamm

veterná turbína

Windrad

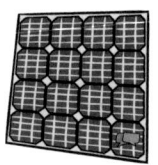

solárny panel

Solarmodul

podnebie

Klima

reštaurácia
Spieslokal

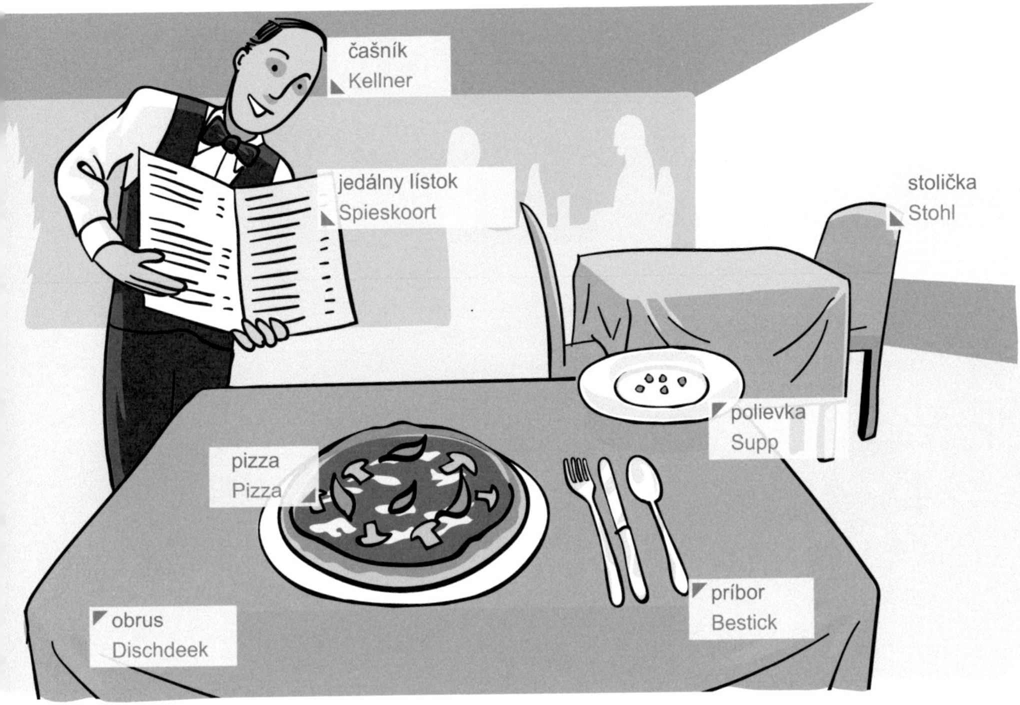
čašník
Kellner
jedálny lístok
Spieskoort
stolička
Stohl
polievka
Supp
pizza
Pizza
príbor
Bestick
obrus
Dischdeek

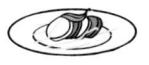

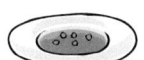

predjedlo

Vörspies

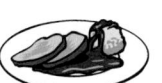

hlavné jedlo

Haupteten

zákusok

Nadisch

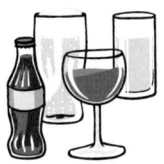

nápoje

Drünk

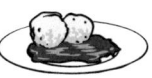

jedlo

Eten

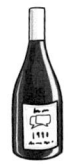

fľaša

Buddel

fast-food

Fastfood

street food

Strateneten

kanvica na čaj

Teekann

cukornička

Zuckerdoos

porcia

Portschoon

stroj na espresso

Espressomaschien

detská stolička

Hoochstohl

účet

Reken

podnos

Tablett

nôž

Mess

vidlička

Gavel

lyžica

Lepel

čajová lyžička

Teelepel

obrúsok

Munddook

pohár

Glas

tanier

Töller

hlboký tanier

Suppentöller

podšálka

Ünnertass

omáčka

Sooß

soľnička

Soltstreuer

mlynček na korenie

Pepermöhl

ocot

Etig

olej

Ööl

korenie

Krüder

kečup

Ketchup

horčica

Mostrich

majonéza

Mayonnaise

supermarket
Supermarkt

špeciálna ponuka
Anbott
FOR
klient
Kunn
mliečne výrobky
Melkprodukten
ovocie
Aaft
nákupný vozík
Inkoopswagen

BUTCHERS

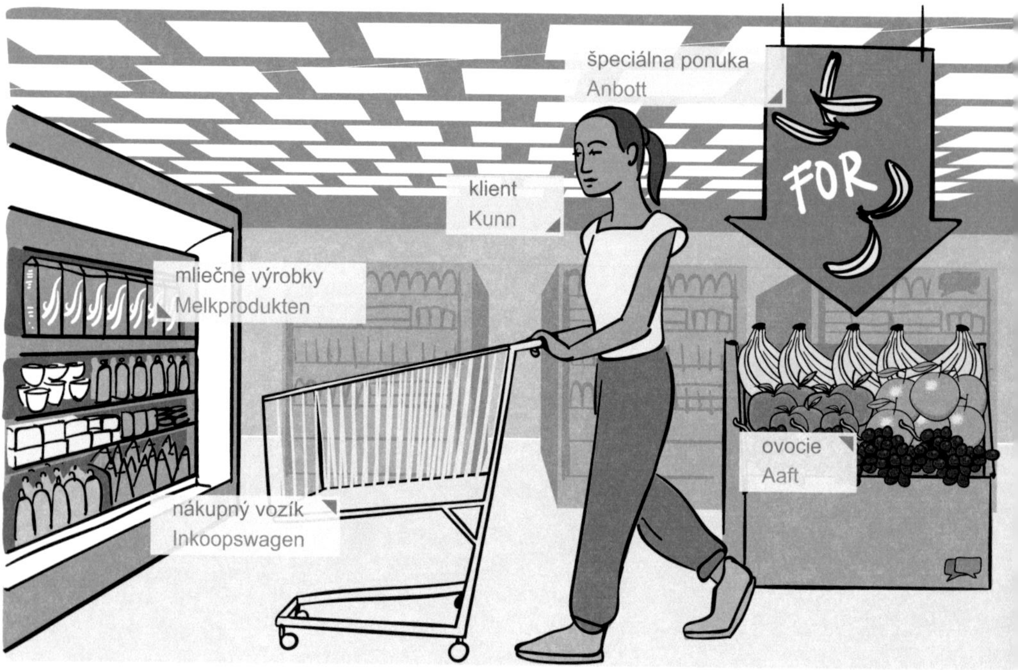

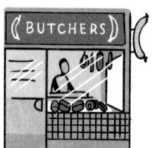

mäsiarstvo

Slachterie

BAKERY

pekáreň

Bäckerie

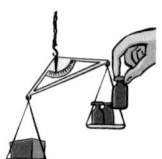

vážiť

wegen

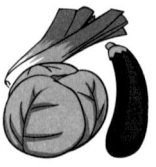

zelenina

Gröönsaken

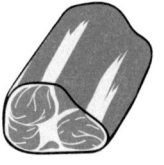

mäso

Fleesch

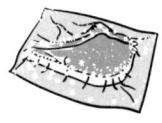

mrazené potraviny

Deepköhlkost

nárez

Opsnitt

konzervy

Konserven

prací prostriedok

Waschmiddel

sladkosti

Snoopkraam

domáce potreby

Huushooltssaken

čistiace prostriedky

Reinmaaktüüch

predavačka

Verköpersche

pokladňa

Kass

pokladník

Kasserer

nákupný zoznam

Inkoopslist

otváracie hodiny

Opsparrtieden

peňaženka

Breeftasch

kreditná karta

Kreditkoort

taška

Tasch

plastové vrecko

Plastiktüüt

voda

Water

džús

Saft

mlieko

Melk

kola

Cola

víno

Wien

pivo

Beer

alkohol

Spriet

kakao

Kakao

čaj

Tee

káva

Koffie

espresso

Espresso

kapučíno

Cappucino

banán

Banaan

jablko

Appel

pomaranč

Appelsien

melón

Meloon

citrón

Zitroon

mrkva

Wöttel

cesnak

Knuuvlook

bambus

Bambus

cibuľa

Zibbel

hríb

Poggenstohl

orechy

Nööt

rezance

Nudeln

špagety

Spaghetti

ryža

Ries

šalát

Salat

hranolky

Pommes frites

pečené zemiaky

Braadkantüffeln

pizza

Pizza

hamburger

Hamborger

obložený chlebík

Sandwich

rezeň

Snitzel

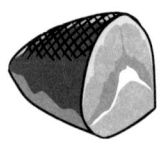

šunka

Schinken

saláma

Salami

klobása

Wust

kurča

Hohn

pečené mäso

Braden

ryba

Fisch

ovsené vločky

Haverflocken

müsli

Müsli

kukuričné lupienky

Cornflakes

múka

Mehl

croissant

Croissant

pečivo

Rundstück

chlieb

Broot

hrianka

Toast

sušienky

Keksen

maslo

Botter

tvaroh

Quark

koláč

Koken

vajce

Ei

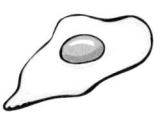

volské oko

Spegelei

syr

Kees

zmrzlina

les

cukor

Zucker

med

Honnig

lekvár

Marmelaad

nugátová nátierka

Nougat-Creme

karí korenie

Curry

farma
Buernhoff

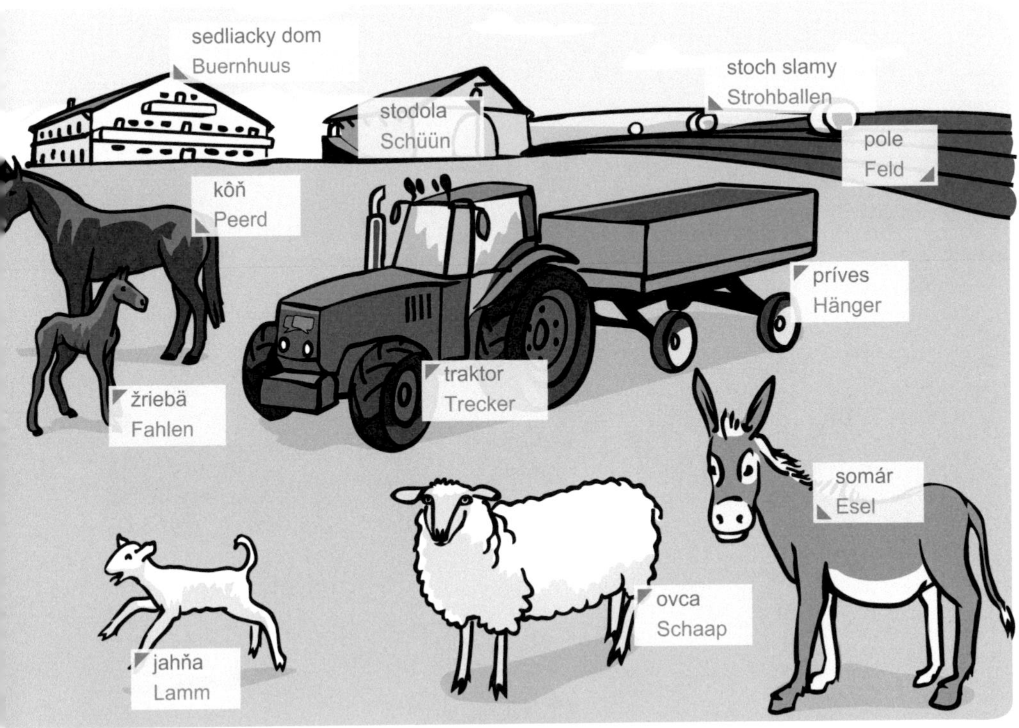

sedliacky dom
Buernhuus
stodola
Schüün
stoch slamy
Strohballen
pole
Feld
kôň
Peerd
príves
Hänger
traktor
Trecker
žriebä
Fahlen
somár
Esel
ovca
Schaap
jahňa
Lamm

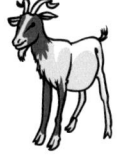

koza
Zeeg

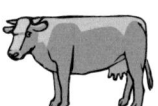

krava
Koh

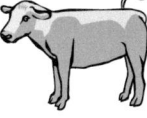

teľa
Kalf

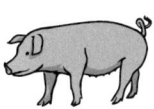

prasa
Swien

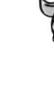

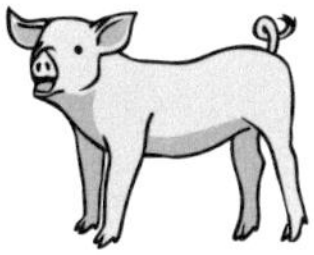

prasiatko
Farken

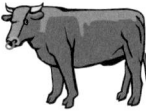

býk
Bull

hus

Goos

kačica

Aant

kuriatko

Küken

sliepka

Hohn

kohút

Hahn

potkan

Rott

mačka

Katt

myš

Muus

vôl

Oss

pes

Hund

psia búda

Hunnenhütt

záhradná hadica

Goornslauch

krhla

Geetkann

kosa

Lee

pluh

Ploog

kosák

Sich

motyka

Hack

vidly na hnoj

Mestfork

sekera

Ext

fúrik

Schuufkoor

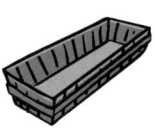

koryto

Trog

kanva na mlieko

Melkkann

vrece

Sack

plot

Tuun

maštaľ

Stall

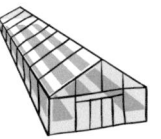

skleník

Drievhuus

pôda

Bodden

osivo

Saat

hnojivo

Dünger

kombajn

Meihdöscher

žať

oornen

žatva

Oorn

batát

Yamswöttel

pšenica

Weten

sója

Soja

zemiak

Kantüffel

kukurica

Törksche Weten

repka

Rapp

ovocný strom

Aaftboom

maniok

Troopsch Kantüffel

obilie

Koorn

dom
Huus

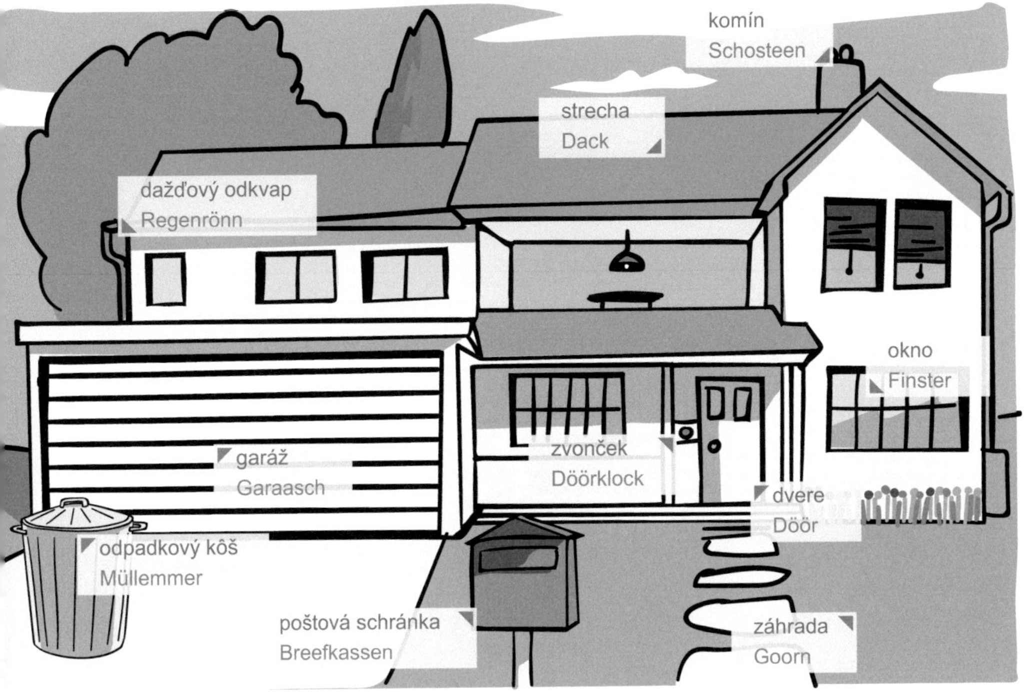
komín
Schosteen
strecha
Dack
dažďový odkvap
Regenrönn
okno
Finster
garáž
Garaasch
zvonček
Döörklock
dvere
Döör
odpadkový kôš
Müllemmer
poštová schránka
Breefkassen
záhrada
Goorn

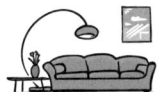

obývačka

Wahnstuuv

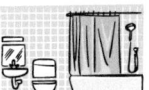

kúpeľňa

Baadstuuv

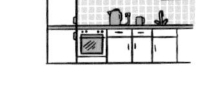

kuchyňa

Köök

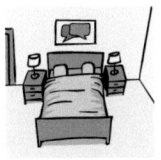

spálňa

Slaapstuuv

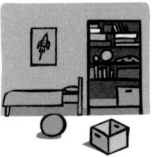

detská izba

Kinnerstuuv

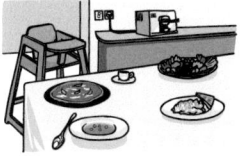

jedáleň

Eetstuuv

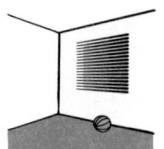

podlaha

Footbodden

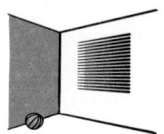

stena

Wand

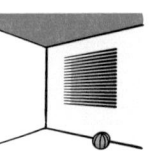

strop

Deek

pivnica

Keller

sauna

Hittluftbad

balkón

Balkon

terasa

Terrass

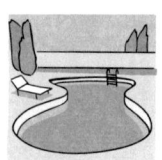

bazén

Swümmbad

kosačka

Rasenmeiher

obliečka

Bettbetog

posteľná prikrývka

Bettdeek

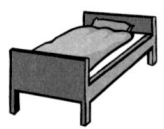

posteľ

Puuch

metla

Bessen

vedro

Emmer

vypínač

Schalter

obývačka
Wahnstuuv

tapeta
Tapeet
obraz
Bild
lampa
Lamp
regál
Regal
skriňa
Schapp
televízor
Kiekkassen
kozub
Kamin
kvet
Bloom
vankúš
Küssen
pohovka
Sofa
váza
Vaas
diaľkové ovládanie
Feernbedenen

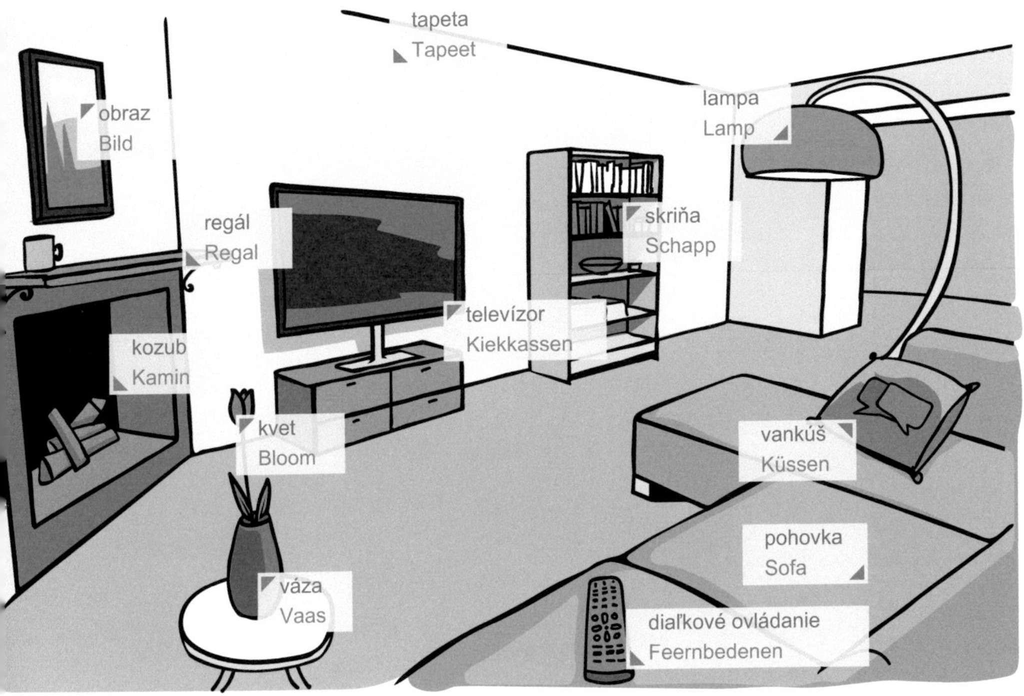

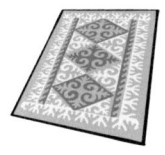

koberec

Teppich

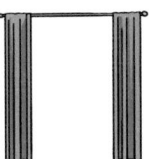

záclona

Vörhang

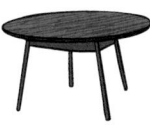

stôl

Disch

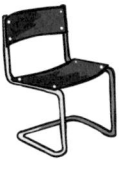

stolička

Stohl

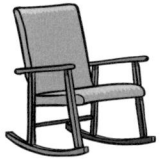

hojdacie kreslo

Schuckelstohl

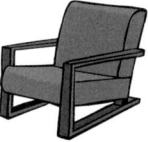

kreslo

Sessel

kniha

Book

prikrývka

Deek

dekorácia

Dekoratschoon

drevo na kúrenie

Füerholt

film

Film

hi-fi veža

Stereoanlaag

kľúč

Slötel

noviny

Narichtenblatt

maľba

Gemälde

plagát

Poster

rádio

Radio

zápisník

Opschrievblock

vysávač

Huulbessen

kaktus

Kaktus

sviečka

Kars

kuchyňa
Köök

chladnička
Köhlschapp
mikrovlnka
Mikrowell
kuchynské váhy
Kökenwaag
hriankovač
Toaster
čistiaci prostriedok
Reinmaakmiddel
pec
Backaven
mraziarenský box
Gefreerfack
odpadkový kôš
Müllemmer
umývačka riadu
Opwaschmaschien

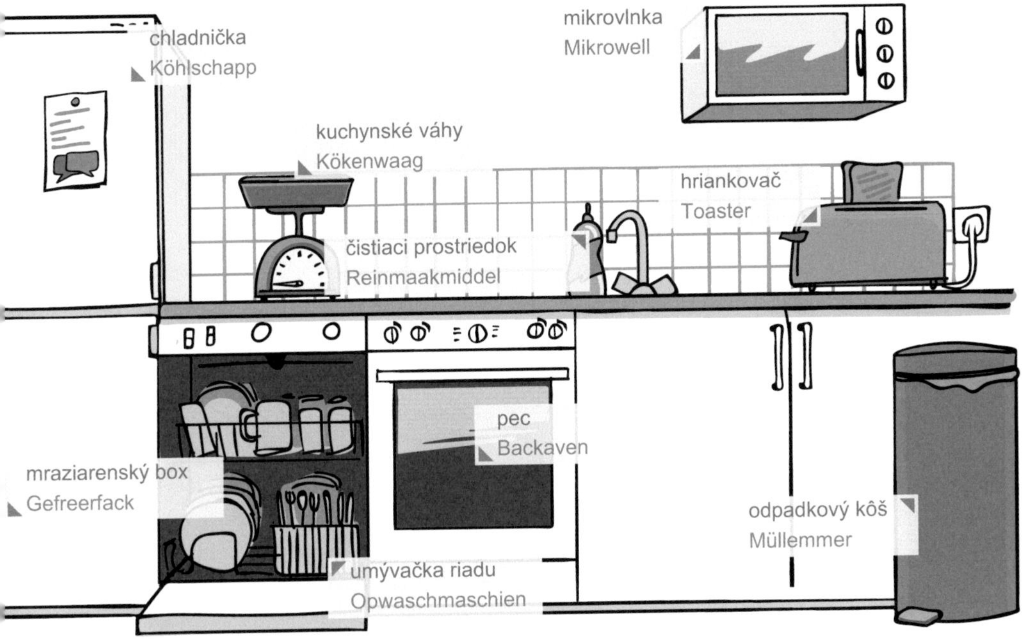

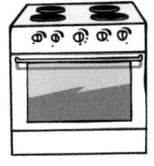

sporák

Heerd

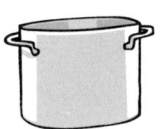

hrniec

Pott

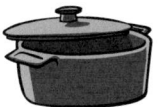

železný hrniec

Gussiesern Putt

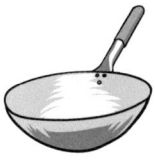

wok / kadai

Wok / Kadai

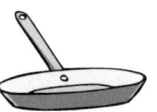

panvica

Pann

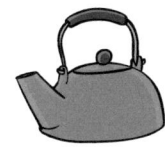

rýchlovarná kanvica

Waterkaker

parný hrniec

Dampkaakputt

plech na pečenie

Backblick

riad

Geschirr

pohár

Beker

misa

Schaal

paličky

Eetsticken

naberačka na polievku

Suppenkell

stierka

Pannenwenner

metlička

Sneebessen

cedidlo

Kaakseef

sitko

Seef

strúhadlo

Riev

mažiar

Mörser

gril

Grill

ohnisko

Füerstell

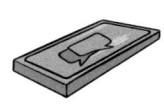

doska na krájanie

Sniedbrett

valček na cesto

Nudelholt

vývrtka

Proppentrecker

konzerva

Doos

otvárač na konzervy

Dosenaapner

chňapka

Pottlappen

výlevka

Waschbecken

kefa

Böst

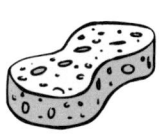

hubka

Swamm

mixér

Mixer

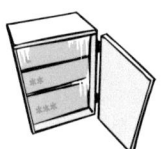

mraznička

lesschapp

kojenecká fľaša

Nuckelbuddel

vodovodný kohútik

Waterhahn

kúpeľňa

Baadstuuv

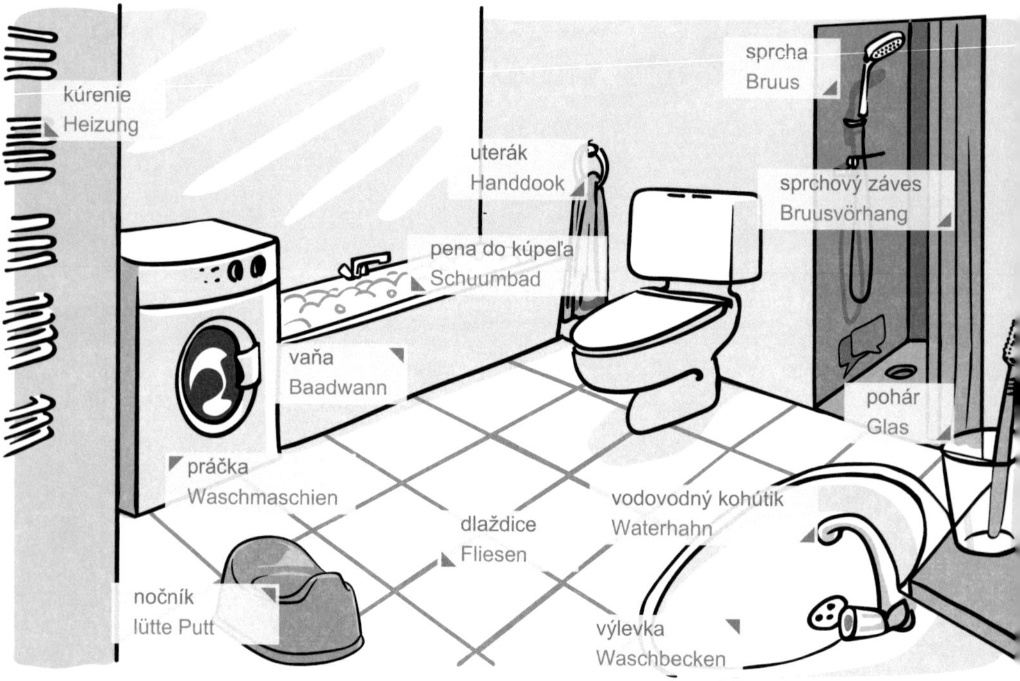
kúrenie
Heizung
sprcha
Bruus
uterák
Handdook
sprchový záves
Bruusvörhang
pena do kúpeľa
Schuumbad
vaňa
Baadwann
pohár
Glas
práčka
Waschmaschien
vodovodný kohútik
Waterhahn
dlaždice
Fliesen
nočník
lütte Putt
výlevka
Waschbecken

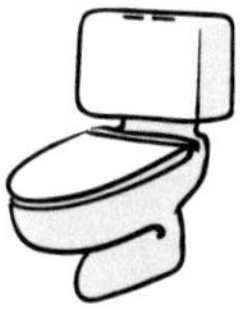

záchod

Tante Meier

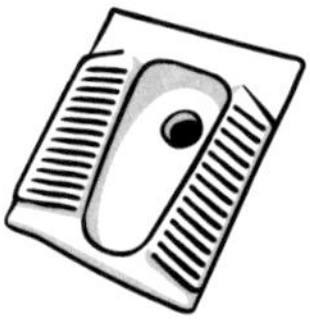

suchý záchod

Hockklo

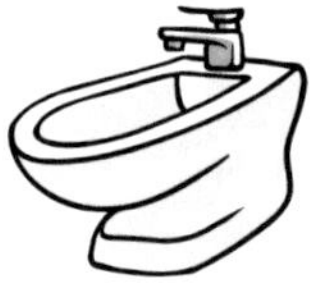

bidet

Bidet

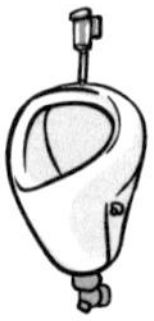

pisoár

Miegbecken

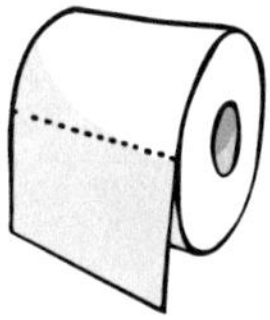

toaletný papier

Klopapeer

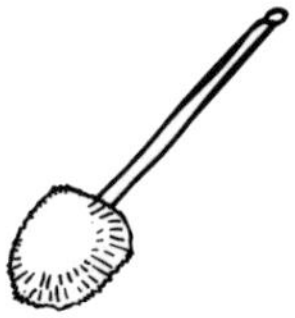

záchodová kefa

Kloböst

zubná kefka

Tähnböst

zubná pasta

Tähnpast

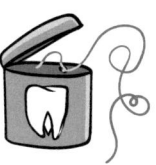

dentálna niť

Tähnsied

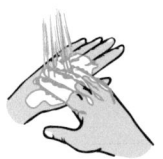

umývať

waschen

ručná sprcha

Handbruus

sprcha pre intímnu hygienu

Intimbruus

umývadlo

Waschschöttel

kefa na chrbát

Rüchböst

mydlo

Seep

sprchový gél

Bruusgeel

šampón

Hoorwaschmiddel

frotírová rukavica

Waschlappen

odtok

Afloop

krém

Creme

dezodorant

Deodorant

zrkadlo

Spegel

kozmetické zrkadlo

Kosmetikspegel

žiletka

Raserer

pena na holenie

Raseerschuum

voda po holení

Raseerwater

hrebeň

Kamm

kefa

Böst

sušič vlasov

Hoordröger

sprej na vlasy

Hoorspray

make-up

Smink

rúž

Lippensticken

lak na nechty

Nagellack

vata

Watt

nožnice na nechty

Nagelscheer

parfum

Rüükwater

kozmetická taška

Kulturbüdel

stolček

Schemel

váha

Waag

kúpací plášť

Baadmantel

gumové rukavice

Gummihanschen

tampón

Tampon

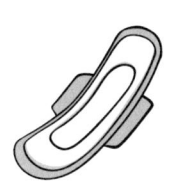

menštruačná vložka

Damenbinn

chemické WC

Chemieklo

detská izba
Kinnerstuuv

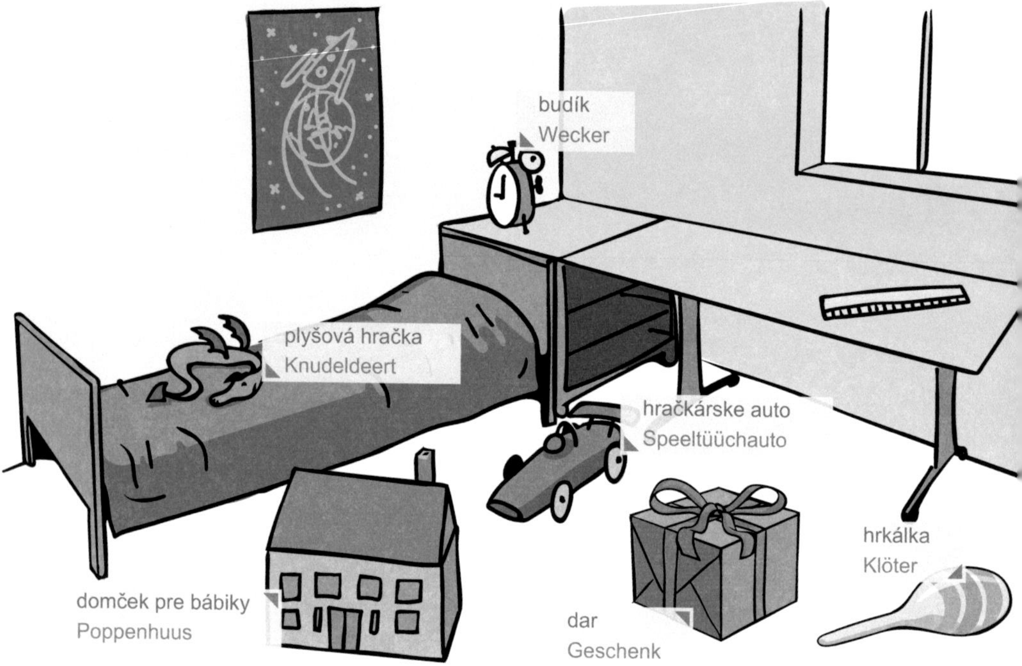
budík
Wecker
plyšová hračka
Knudeldeert
hračkárske auto
Speeltüüchauto
hrkálka
Klöter
domček pre bábiky
Poppenhuus
dar
Geschenk

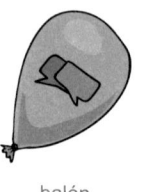

balón

Luftballon

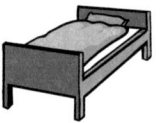

posteľ

Puuch

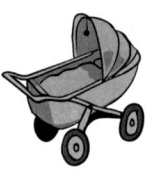

detský kočík

Kinnerwagen

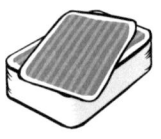

karty

Koortenspeel

puzzle

Puzzle

SUPER MEGA

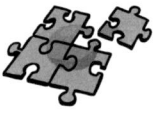

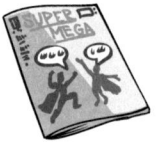

komix

Billergeschicht

skladačka lego

Legostenen

stavebnica

Bustenen

akčná postavička

Action-Figur

dupačky

Strampelantog

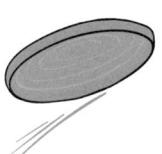

lietajúci tanier

Frisbeeschiev

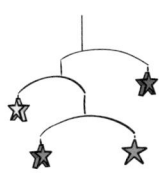

závesné hračky

Mobile

stolová hra

Brettspeel

kocka

Wörpel

modelový vláčik

Modelliesenbahn

cumlík

Snuller

párty

Party

obrázková kniha

Billerbook

lopta

Ball

bábika

Popp

hrať sa

spelen

pieskovisko

Sandkassen

hojdačka

Schuckel

hračky

Speeltüüch

hracia konzola

Speelkonsool

trojkolka

Dreerad

medvedík

Teddyboor

šatník

Klederschapp

šatstvo

Tüüch

ponožky

Socken

pančuchy

Strümp

pančuchové nohavičky

Strumpbüx

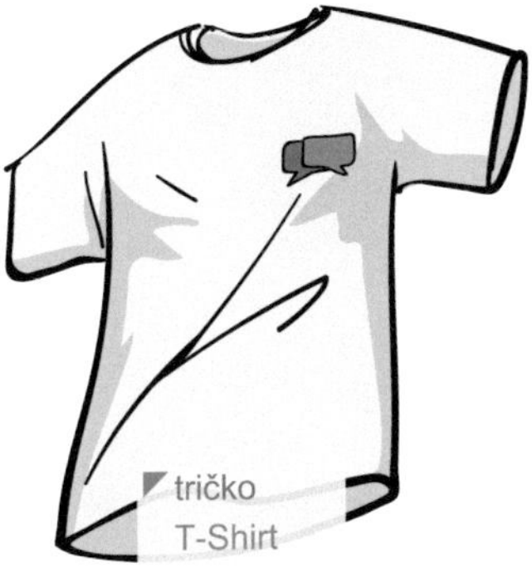

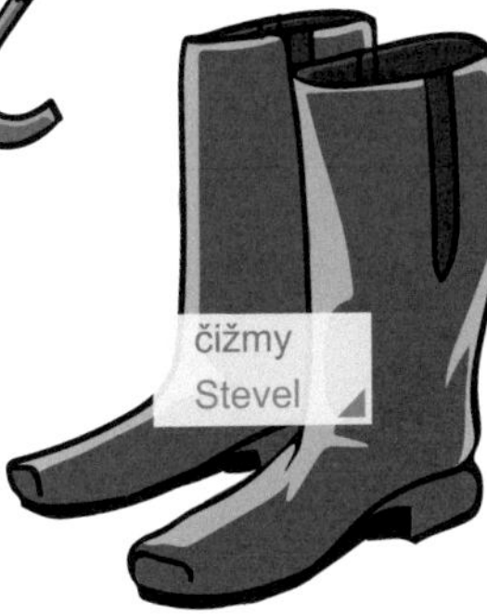

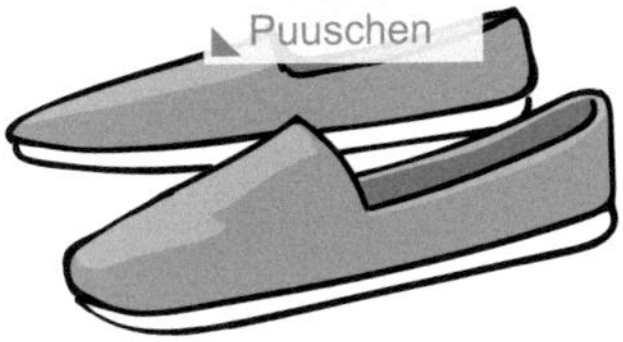

šál
Halsdook

opasok
Liefreem

dáždnik
Paraplü

tričko
T-Shirt

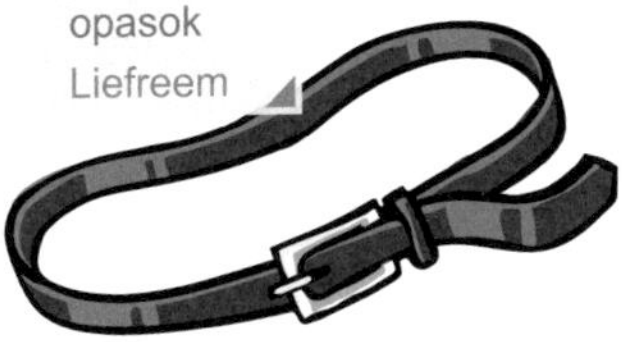

čižmy
Stevel

papuče
Puuschen

tenisky
Turnschoh

sandále
Sandalen

topánky
Schoh

gumáky
Gummistevel

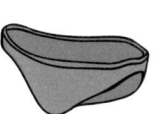

spodky
Ünnerbüx

podprsenka
Bostholler

tielko
Ünnerhemd

šatstvo - Tüüch

body
Lief

nohavice
Büx

džínsy
Jeansnüx

sukňa
Rock

blúzka
Bluus

košeľa
Hemd

pulóver
Pullover

sveter
Kapuzenpullover

blejzer
Blazer

bunda
Jack

kabát
Mantel

pršiplášť
Övertrecker

kostým
Kostüm

šaty
Kleed

svadobné šaty
Hochtietskleed

oblek

Antog

nočná košeľa

Nachtkleed

pyžamo

Slaapantog

sari

Sari

šatka na hlavu

Koppdook

turban

Turban

burka

Burka

kaftan

Kaftan

abaja

Abaya

dvojdielne plavky

Baadantog

plavky

Baadbüx

šortky

Korte Büx

tepláková súprava

Antog to'n Öven

zástera

Schört

rukavice

Handschoh

gombík

Knopp

okuliare

Brili

náramok

Armband

retiazka

Halskeed

prsteň

Ring

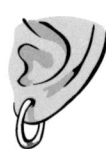

náušnica

Ohrbummel

čiapka

Mütz

vešiak

Klederbögel

klobúk

Hoot

kravata

Binner

zips

Rietslüter

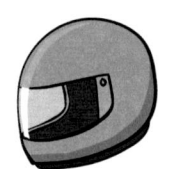

prilba

Helm

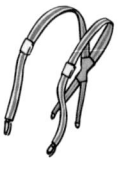

traky

Drachtband

školská uniforma

Schooluniform

uniforma

Uniform

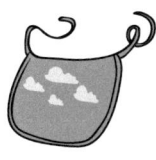

podbradník

Severböten

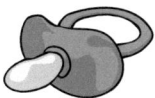

cumlík

Snuller

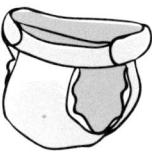

plienka

Winnel

kancelária

Büro

server
Server
skriňa na spisy
Aktenschapp
tlačiareň
Drucker
papier
Papeer
monitor
Bildschirm
myš
Muus
písací stôl
Schrievdisch
zakladač
Orner
klávesnica
Knoopboord
kôš na papier
Papeerkorf
počítač
Computer
stolička
Stohl

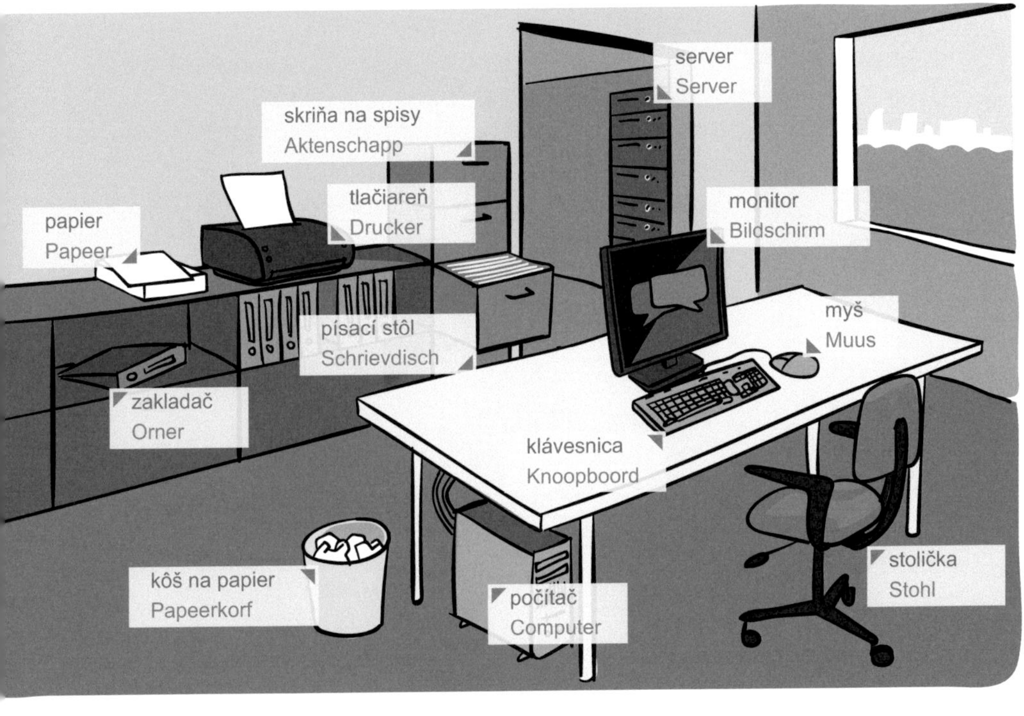

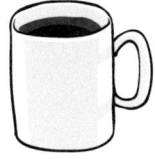

hrnček na kávu

Koffiebeker

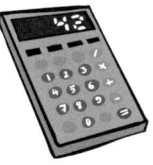

kalkulačka

Taschenreekner

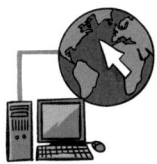

internet

Internet

laptop

Klappreekner

list

Breef

správa

Naricht

mobil

Ackersnacker

sieť

Nettwark

kopírka

Kopeerapparat

softvér

Software

telefón

Klöönkassen

elektrická zásuvka

Steekdoos

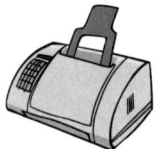

fax

Faxapparat

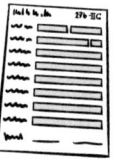

formulár

Formulor

doklad

Dokument

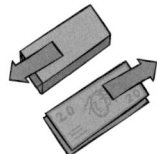

kúpiť

köpen

platiť

betahlen

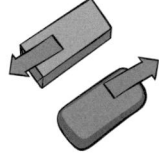

obchodovať

hanneln

peniaze

Geld

dolár

Dollar

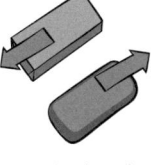 

euro

Euro

jen

Yen

rubeľ

Ruvel

švajčiarsky frank

Swiezer Franken

čínsky jüan

Renminbi Yuan

rupia

Rupie

bankomat

Geldautomat

zmenáreň

Wesselstuuv

zlato

Gold

striebro

Sülver

ropa

Ööl

energia

Energie

cena

Pries

zmluva

Verdrag

daň

Stüer

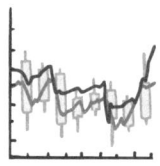

akcia

Andeelschien

pracovať

arbeiden

zamestnanec

Anstellte

zamestnávateľ

Arbeitgever

továreň

Fabrik

obchod

Hökerie

povolania
Profeschonen

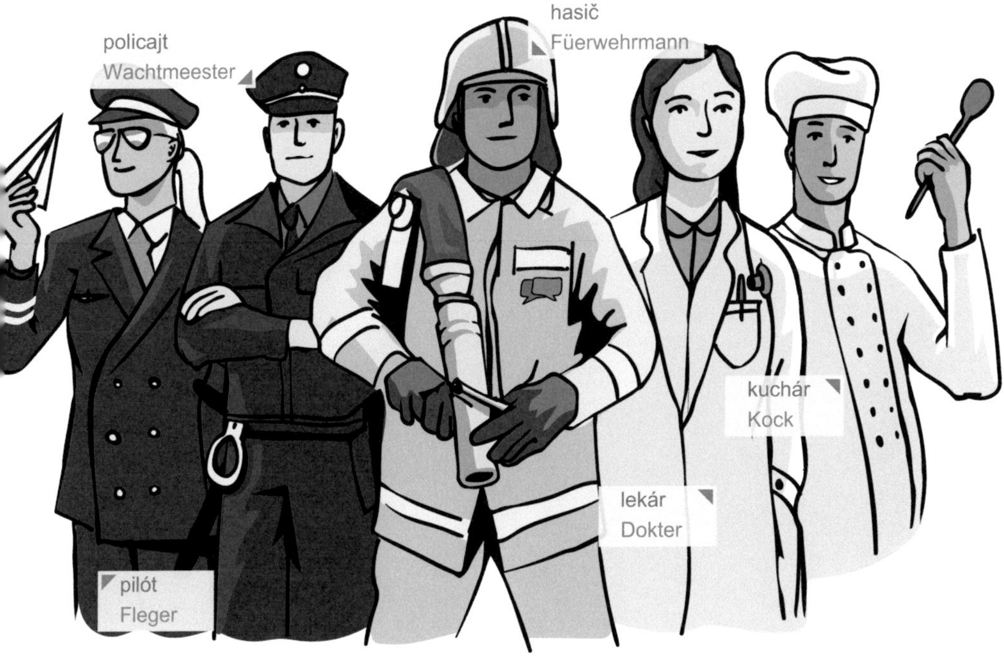

policajt
Wachtmeester
hasič
Füerwehrmann
kuchár
Kock
lekár
Dokter
pilót
Fleger

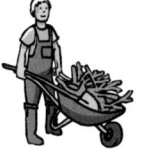

záhradník

Goorner

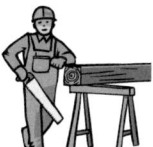

stolár

Discher

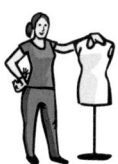

krajčírka

Neihersche

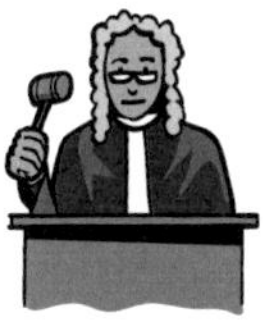

sudca

Richter

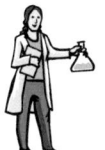

chemik

Chemiker

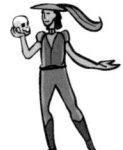

herec

Schauspeler

vodič autobusu

Busfohrer

taxikár

Taxifohrer

rybár

Fischer

upratovačka

Reinmaakfru

pokrývač

Dackdecker

čašník

Kellner

poľovník

Jäger

maliar

Maler

pekár

Bäcker

elektrikár

Elektriker

stavebný robotník

Buarbeider

inžinier

Ingenieur

mäsiar

Slachter

klampiar

Klempner

poštár

Postbüdel

vojak

Suldat

architekt

Architekt

pokladník

Kasserer

kvetinár

Florist

kaderník

Putzbüdel

sprievodca

Schaffner

mechanik

Mechaniker

kapitán

Kaptein

zubár

Tähndokter

vedec

Wetenschopler

rabín

Rabbi

imám

Imam

mních

Mönk

farár

Paap

náradie
Warktüüch

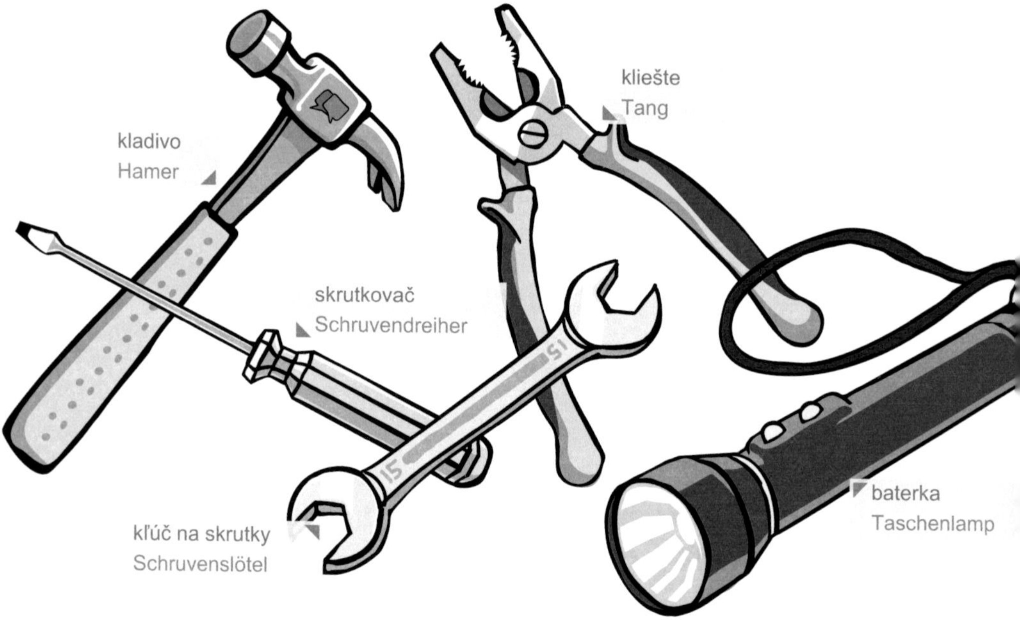
kladivo
Hamer
kliešte
Tang
skrutkovač
Schruvendreiher
kľúč na skrutky
Schruvenslötel
baterka
Taschenlamp

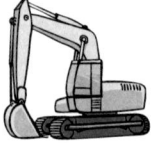

bager

Grieper

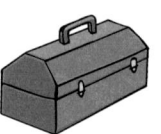

súprava náradia

Warktüüchkassen

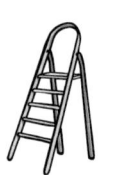

rebrík

Ledder

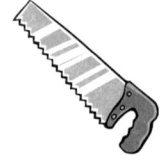

pílka

Saag

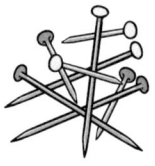

klince

Nagels

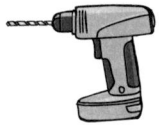

vrták

Bohrer

opraviť

heelmaken

lopata

Schüffel

Do čerta!

Schiet!

lopatka na smeti

Kehrblick

nádoba s farbou

Farvpott

skrutky

Schruven

hudobné nástroje
Musikinstrumenten

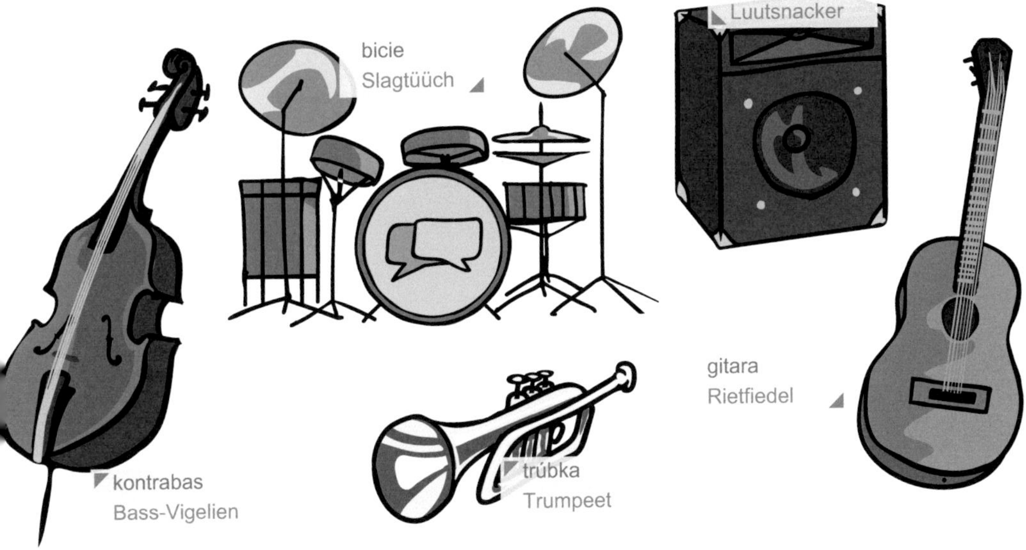

reproduktor
Luutsnacker

bicie
Slagtüüch

gitara
Rietfiedel

kontrabas
Bass-Vigelien

trúbka
Trumpeet

klavír

Klaveer

husle

Vigelien

basa

Bass

tympany

Pauk

bubon

Trummeln

klávesnica

Keyboard

saxofón

Saxophon

flauta

Fleut

mikrofón

Mikrofoon

ZOO
Deertenpark

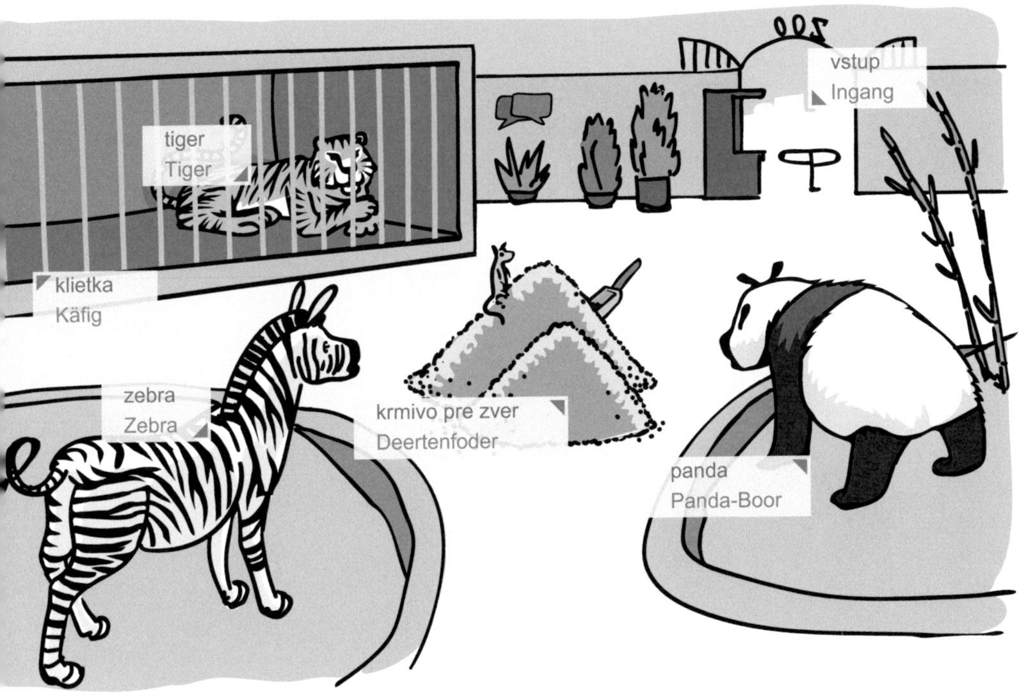

vstup
Ingang
tiger
Tiger
klietka
Käfig
zebra
Zebra
krmivo pre zver
Deertenfoder
panda
Panda-Boor

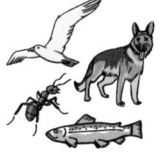

zvieratá

Deerten

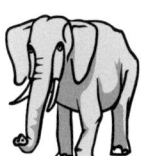

slon

Elefant

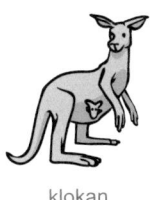

klokan

Känguru

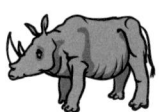

nosorožec

Neeshoorn

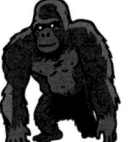

gorila

Gorilla

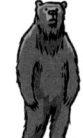

medveď

Boor

ťava

Kameel

pštros

Struuß

lev

Lööv

opica

Aap

plameniak

Flamingo

papagáj

Papagoi

ľadový medveď

lesboor

tučniak

Pinguin

žralok

Haifisch

páv

Pageluun

had

Slang

krokodíl

Krokodil

ošetrovateľ v ZOO

Oppasser in'n Deertenpark

tuleň

Saalhund

jaguár

Jaguor

poník

Pony

leopard

Leopard

hroch

Nilpeerd

žirafa

Giraff

orol

Aadler

diviak

Wildswien

ryba

Fisch

korytnačka

Schildkrööt

mrož

Walross

líška

Voss

gazela

Gazell

americký futbal
Amerikaansch Football

cyklistika
Radfohren

tenis
Tennis

basketbal
Korfball

plávanie
Swümmen

box
Boxen

hokej
Ieshockey

futbal
....
Football

bedminton
....
Fedderball

ľahká atletika
....
Leichtathletik

hádzaná
....
Handball

lyžovanie
....
Skilopen

pólo
....
Polo

smiať sa
lachen

skočiť
springen

objať
ümarmen

chodiť
gahn

spievať
singen

snívať
drömen

modliť sa
beden

pobozkať
snuteln

písať
schrieven

kresliť
teken

ukázať
wiesen

tlačiť
drücken

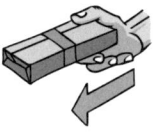

dať
geven

brať
nehmen

mať

hebben

robiť

doon

byť

sien

stáť

stahn

bežať

lopen

ťahať

trecken

hádzať

smieten

padnúť

fallen

ležať

liggen

čakať

töven

nosiť

dregen

sedieť

sitten

obliecť sa

antrecken

spať

slapen

zobudiť sa

opwaken

pozerať

ankieken

plakať

wenen

hladkať

eien

česať

kämmen

hovoriť

snacken

rozumieť

verstahn

pýtať sa

fragen

počuť

hören

piť

drinken

jesť

eten

upratať

oprümen

milovať

leefhebben

variť

kaken

jazdiť

fohren

letieť

flegen

plachtiť

segeln

počítať

reken

čítať

lesen

učiť sa

lehren

pracovať

arbeiden

oženiť

de Plünnen tohoopsmieten

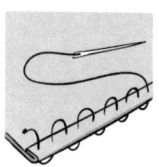

šiť

neihen

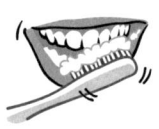

čistiť zuby

Tähnen putzen

zabiť

dootmaken

fajčiť

smöken

poslať

schicken

rodina
Familje

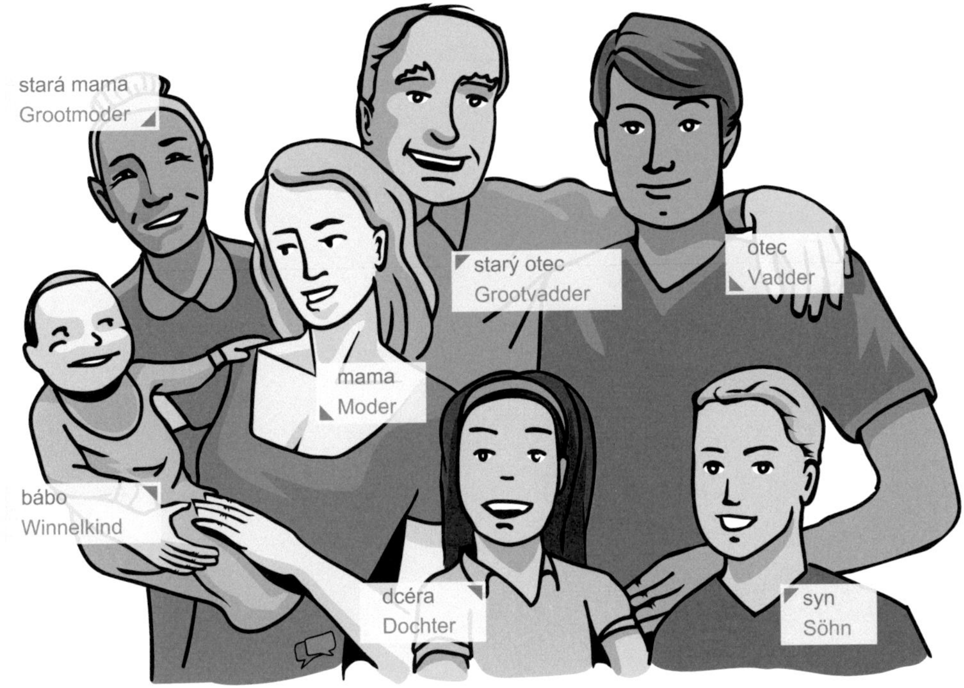
stará mama
Grootmoder
starý otec
Grootvadder
otec
Vadder
mama
Moder
bábo
Winnelkind
dcéra
Dochter
syn
Söhn

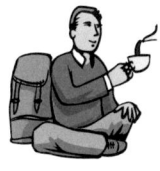

hosť

Gast

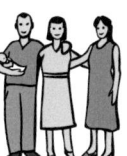

teta

Tant

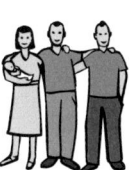

strýko

Unkel

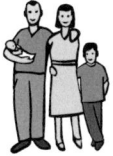

brat

Broder

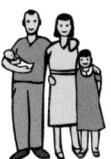

sestra

Süster

telo
Lief

čelo
Vörkopp
oko
Oog
plece
Schuller
prst
Finger
tvár
Gesicht
brada
Kinn
ruka
Hand
hruď
Bost
noha
Been
rameno
Arm

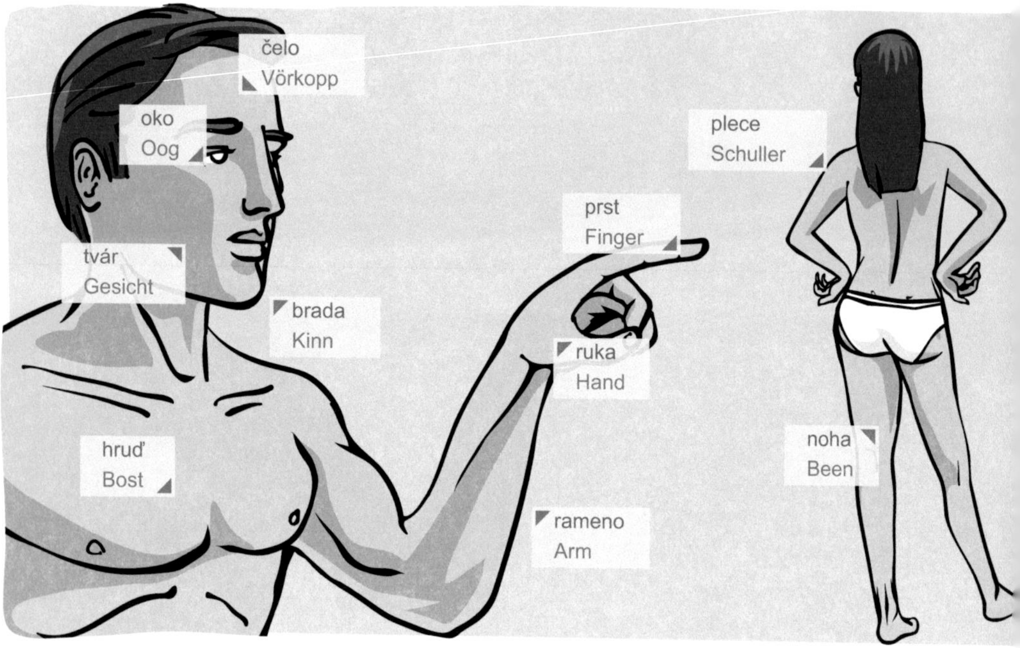

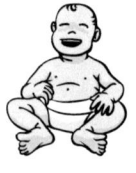

bábo

Winnelkind

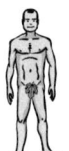

muž

Mann

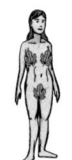

žena

Fro

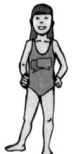

dievča

Deern

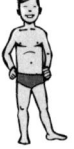

chlapec

Jung

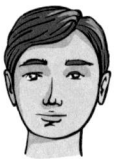

hlava

Arm

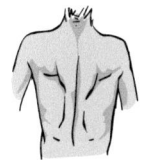

chrbát

Rüch

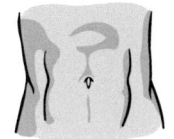

brucho

Buuk

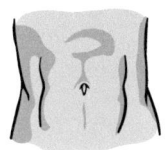

pupok

Navel

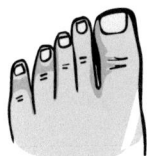

prst na nohe

Teh

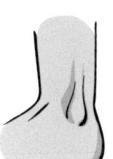

päta

Hack

kosť

Knaken

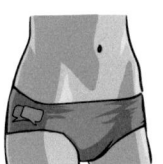

bok

Hüft

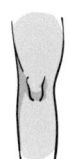

koleno

Knee

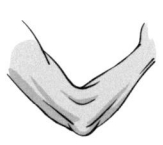

lakeť

Ellbagen

nos

Nees

zadok

Achtersen

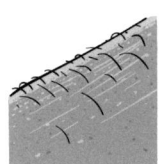

koža

Huut

líce

Back

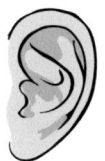

ucho

Ohr

pery

Lipp

ústa

Mund

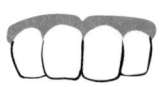

zub

Tähn

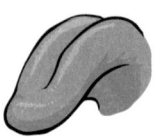

jazyk

Tung

mozog

Bregen

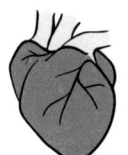

srdce

Hart

svaly

Muskel

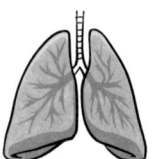

pľúca

Lung

pečeň

Lever

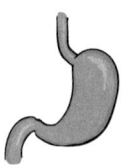

žalúdok

Maag

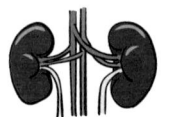

obličky

Neren

pohlavný styk

Bislaap

kondóm

Kondoom

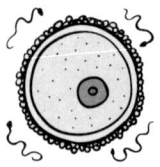

vaječná bunka

Eizell

semeno

Sperma

tehotenstvo

Anner Ümstänn

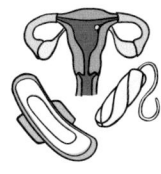

menštruácia

Menstruatschoon

vagína

Scheed

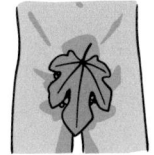

penis

Pint

obočie

Ogenbroe

vlasy

Hoor

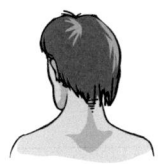

krk

Hals

nemocnica
Krankenhuus

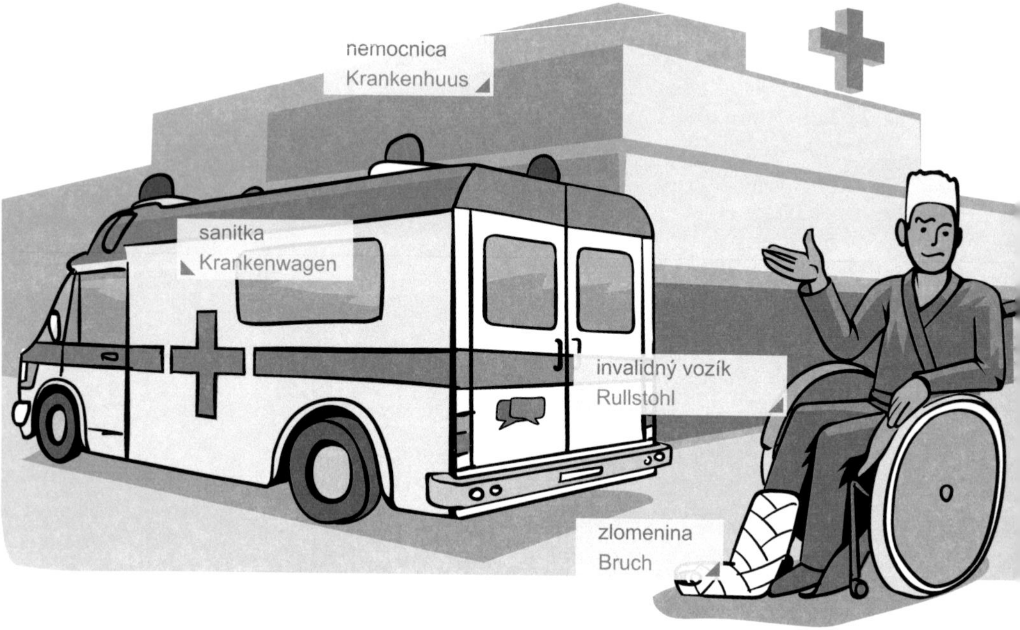

nemocnica
Krankenhuus
sanitka
Krankenwagen
invalidný vozík
Rullstohl
zlomenina
Bruch

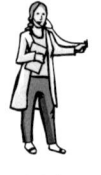

lekár

Dokter

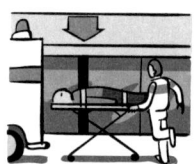

urgentný príjem

Nootopnahm

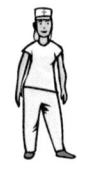

sestrička

Krankensüster

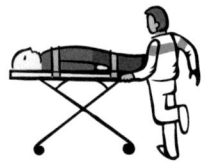

urgentný prípad

Nootfall

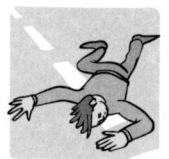

v bezvedomí

ahnmächtig

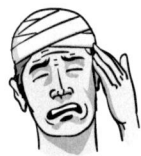

bolesť

Wehdaag

zranenie

Verwunnen

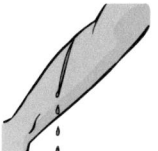

krvácanie

Blöden

srdcový infarkt

Hartinfarkt

mozgová porážka

Slaganfall

alergia

Allergie

kašeľ

Hoosten

teplota

Fever

chrípka

Gripp

hnačka

Dörchfall

bolesť hlavy

Koppwehdaag

rakovina

Kreeft

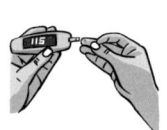

cukrovka

Zuckersüük

chirurg

Chirurg

skalpel

Chirurgsch Mess

operácia

Operatschoon

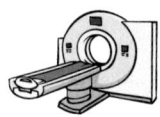

CT

CT

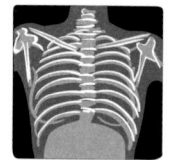

RTG

Dörchlüchten

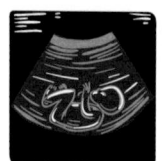

ultrazvuk

Ultraschall

maska

Mask

choroba

Krankheit

čakáreň

Töövruum

barla

Krück

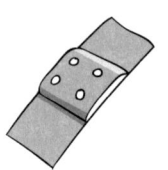

náplasť

Plaaster

obväz

Verband

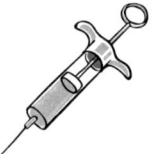

injekcia

Insprütten

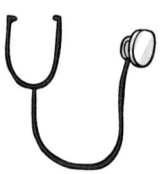

fonendoskop

Stethoskop

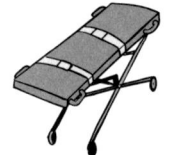

nosidlá

Draag

teplomer

Feverthermometer

pôrod

Geboort

nadváha

Övergewicht

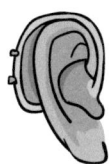

audiofón

Höörapparat

dezinfekčný prostriedok

Kiemfriemiddel

infekcia

Ansteken

vírus

Virus

HIV / AIDS

HIV / AIDS

medicína

Heelmiddel

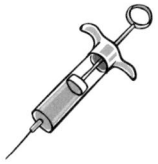

očkovanie

Impen

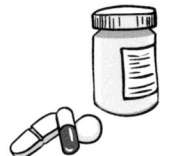

tabletky

Tabletten

antikoncepčná pilulka

Pill

tiesňové volanie

Nootroop

tlakomer

Blootdruck-Meter

chorý / zdravý

krank / gesund

Pomoc!

Hölp!

alarm

Alarm

prepad

Överfall

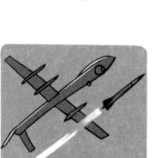

útok

Angreep

nebezpečenstvo

Gefohr

núdzový východ

Nootutgang

Horí!

Füer!

hasičský prístroj

Füerlöscher

nehoda

Unfall

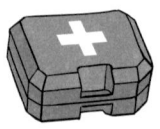

kufrík prvej pomoci

Noothölpkoffer

SOS

SOS

polícia

Polizei

Európa

Europa

Severná Amerika

Noordamerika

Južná Amerika

Süüdamerika

Afrika

Afrika

Ázia

Asien

Austrália

Australien

Atlantický oceán

Atlantik

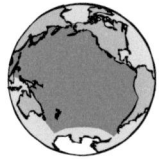

Tichý oceán

Pazifik

Indický oceán

Indisch Weltmeer

Južný oceán

Antarktisch Weltmeer

Severný ľadový oceán

Arktisch Weltmeer

Severný pól

Noordpol

Južný pól
Süüdpol

Antarktída
Antarktis

Zem
Eerd

krajina
Land

more
See

ostrov
Eiland

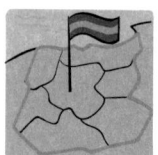

národ
Natschoon

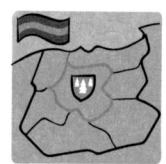

štát
Staat

ciferník

Tallenblatt

hodinová ručička

Stunnenwieser

minútová ručička

Minutenwieser

sekundová ručička

Sekunnenwieser

Koľko je hodín?

Wo laat is dat?

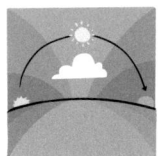

deň

Dag

čas

Tiet

teraz

nu

digitálne hodiny

digetaalsch Klock

minúta

Minuut

hodina

Stunn

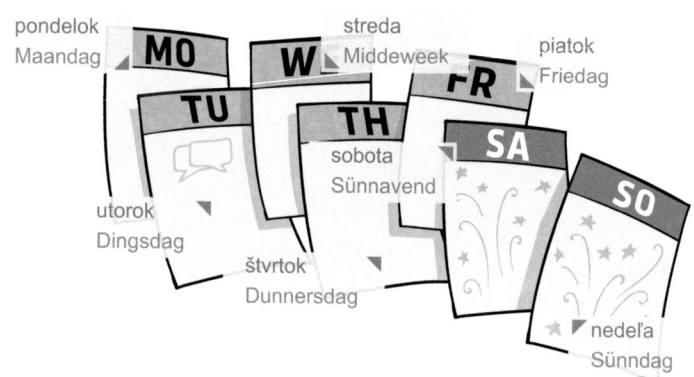

pondelok
Maandag

utorok
Dingsdag

streda
Middeweek

štvrtok
Dunnersdag

sobota
Sünnavend

piatok
Friedag

nedeľa
Sünndag

včera

güstern

dnes

hüüt

zajtra

morgen

ráno

Morgen

poludnie

Meddag

večer

Avend

pracovné dni

Arbeitsdaag

víkend

Wekenenn

dážď
Regen

dúha
Regenbagen

sneh
Snee

vietor
Wind

jar
Fröhjohr

jeseň
Harvst

leto
Sommer

zima
Winter

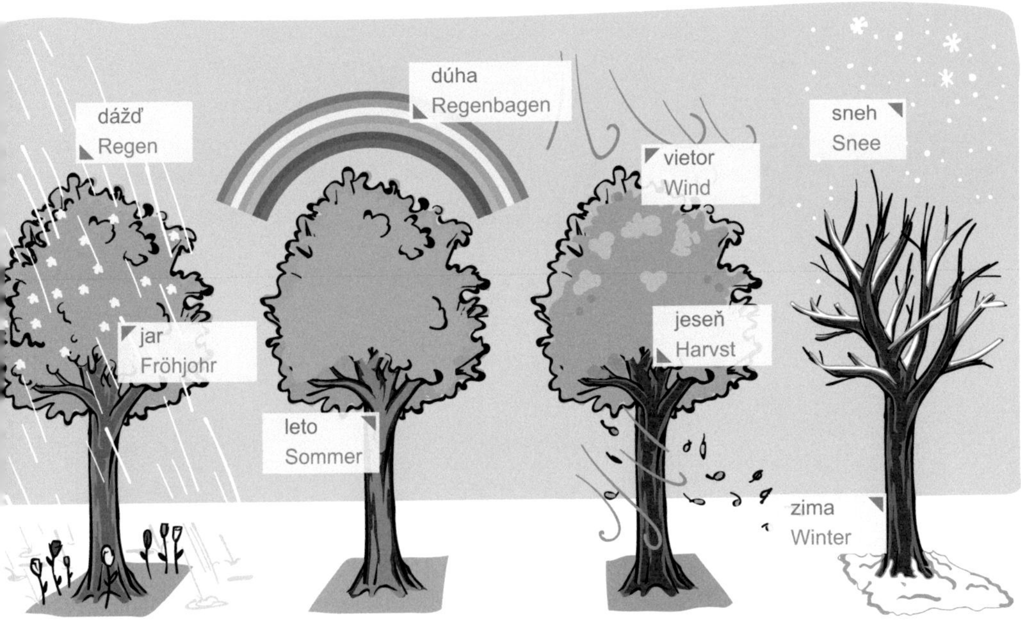

predpoveď počasia

Wedervörhersaag

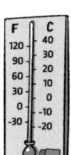

teplomer

Thermometer

slnečný svit

Sünnenschien

oblak

Wulk

hmla

Nevel

vlhkosť vzduchu

Luftfuchtigkeit

blesk

Blitz

hrom

Dunner

búrka

Storm

krúpy

Hagel

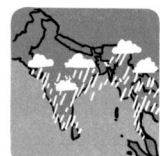

monzún

Monsun

záplava

Floot

ľad

les

január

Januormaand

február

Februormaand

marec

Martmaand

apríl

Aprilmaand

máj

Maimaand

jún

Junimaand

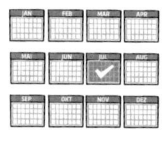

júl

Julimaand

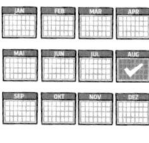

august

Augustmaand

september

Septembermaand

október

Oktobermaand

november

Novembermaand

december

Dezembermaand

tvary
Formen

kruh

Krink

štvorec

Quadrat

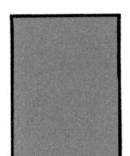

obdĺžnik

Rechteck

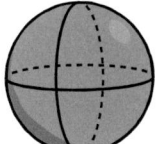

trojuholník

Dreeeck

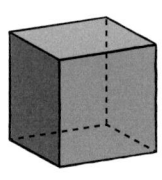

guľa

Kugel

kocka

Wörpel

biela
witt

žltá
geel

oranžová
orangsch

ružová
pink

červená
root

fialová
lila

modrá
blau

zelená
gröön

hnedá
bruun

šedá
gries

čierna
swart

veľa / málo

veel / wenig

zúrivý / pokojný

böös / verdreeglich

pekný / škaredý

smuck / mies

začiatok / koniec

Begünn / Enn

veľký / malý

groot / lütt

svetlý / tmavý

hell / düüster

brat / sestra

Broder / Süster

čistý / špinavý

schier / schietig

úplný / neúplný

kumpleet / nich kumpleet

deň / noc

Dag / Nacht

mŕtvy / živý

doot / lebennig

široký / úzky

breet / small

chutný / nechutný

geneetbor / nich geneetbor

zlostný / láskavý

böös / fründlich

vzrušený / unudený

fickerig / langwielt

tlstý / chudý

dick / dünn

prvý / posledný

toeerst / toletzt

priateľ / nepriateľ

Fründ / Fiend

plný / prázdny

vull / leddig

tvrdý / mäkký

hart / week

ťažký / ľahký

swoor / licht

hlad / smäd

Smacht / Döst

chorý / zdravý

krank / gesund

nelegálny / legálny

nich na't Recht / na't Recht

inteligentný / hlúpy

klook / dummerhaftig

vľavo / vpravo

linkerhand / rechterhand

blízko / ďaleko

neeg / feern

nový / použitý

nieg / bruukt

nič / niečo

nix / wat

starý / mladý

oolt / jung

zapnuté / vypnuté

an / ut

otvorené / zatvorené

apen / slaten

tichý / hlasný

lies / luut

bohatý / chudobný

riek / arm

správne / nesprávne

richtig / verkehrt

drsný / hladký

ruug / glatt

smutný / šťastný

trurig / glücklich

krátky / dlhý

kort / lang

pomaly / rýchlo

suutje / flink

mokrý / suchý

natt / dröög

teplý / studený

warm / köhl

vojna / mier

Krieg / Freden

čísla
Tallen

0

nula
null

1

jeden
een

2

dva
twee

3

tri
dree

4

štyri
veer

5

päť
fief

6

šesť
söss

7

sedem
söven

8

osem
acht

9

deväť
negen

10

desať
teihn

11

jedenásť
ölven

12

dvanásť

twölf

13

trinásť

dörteihn

14

štrnásť

veerteihn

15

pätnásť

föffteihn

16

šestnásť

sössteihn

17

sedemnásť

söventeihn

18

osemnásť

achtteihn

19

devätnásť

negenteihn

20

dvadsať

twintig

100

sto

hunnert

1.000

tisíc

dusend

1.000.000

milión

million

angličtina

Engelsch

americká angličtina

Amerikaansch Engelsch

mandarínska čínština

Chineesch Mandarin

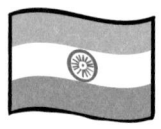

hindčina

Hindi

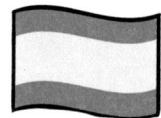

španielčina

Spaansch

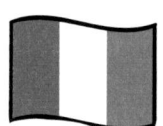

francúzština

Franzöösch

arabčina

Araabsch

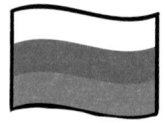

ruština

Rusch

portugalčina

Portugiesch

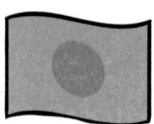

bengálčina

Bengaalsch

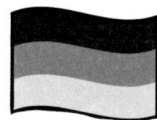

nemčina

Düütsch

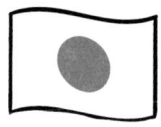

japončina

Japaansch

ja
ik

ty
du

on/ona/ono
he / se / dat

my
wi

vy
ji

oni
se

kto?
keen?

čo?
wat?

ako?
woans?

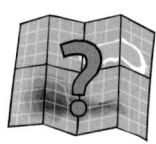

kde?
woneem?

kedy?
wannehr?

meno
Naam

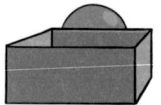

za
....
achter

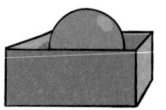

v
....
in

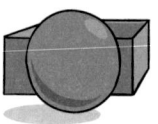

pred
....
vör

nad
....
över

na
....
op

pod
....
ünner

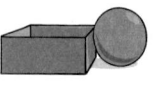

vedľa
....
blangen

medzi
....
twüschen

miesto
....
Oort